Friedrich Nietzsche [signature]

Wahre Geschichten

UM

SACHSENS LETZTEN KÖNIG

Aufgeschrieben
von Dieter Nadolski

TAUCHAER VERLAG

WAHRE GESCHICHTEN NR. 08

Nadolski, Dieter:
Wahre Geschichten um Sachsens letzten König/
Dieter Nadolski
1. Aufl. – [Taucha]: Tauchaer Verlag, 1993.
ISBN 3-910074-10-3

© by Tauchaer Verlag
Satz, Reproduktion, Druck und Buchbinderei:
Offizin Andersen Nexö Leipzig GmbH
Printed in Germany
ISBN 3-910074-10-3

INHALT

Vorwort 7

Ein unerhörter Vorgang 10

Der gehörnte Ehemann 22

Sächsische Überraschungen 32

Dresdner Stollen zur Weihnachtszeit 39

Alltagsepisoden 49

»Macht euch euern Dreck alleine«? 59

Der allerletzte Grand 65

Quellenverzeichnis 77

Bildnachweis 79

VORWORT

Schon zu Lebzeiten des letzten Königs von Sachsen ist ihm – für die damalige Zeit mehr als ungewöhnlich – ein Denkmal gesetzt worden, und zwar Anno 1913 im vogtländischen Bad Elster. Noch früher sind Denkmale besonderer Art entstanden, nämlich Anekdoten zu Friedrich August, die ihn allesamt als eine liebenswerte, auch für den sprichwörtlichen Mann von der Straße umgängliche Persönlichkeit erscheinen lassen, die frei von jeglichem Standesdünkel war. Eine der oft gedruckten Erzählungen berichtet von einem Besuch der Leipziger Universität, um dort bei einem berühmten Kirchenhistoriker eine Vorlesung zum Thema »Die Politik der Wettiner im Zeitalter der Reformation« zu hören. Bei dieser Gelegenheit sei die Bemerkung des Universitätsprofessors gefallen, die Wettiner hätten »wie immer« auf die falsche Karte gesetzt. Daraufhin stieß der König seinen Adjutanten an und kommentierte gelassen, aber für das Auditorium hörbar: »Das geht auf uns!« Spontan gab es von der Versammlung im Saal eine Sympathieerklärung in Form starken Beifalls – diesen König mochte man einfach!

Als Friedrich August III. im November 1918 dem Thron entsagte, ging die Herrschaft der Wettiner zu Ende, die 829 Jahre gewährt hatte. Kein anderes deutsches Herrschergeschlecht hatte eine so große

Zeitspanne überdauert. Daß nunmehr die Akten wohl für immer geschlossen wurden, war nicht im geringsten durch das Setzen auf eine falsche Karte durch den letzten Sachsenkönig verursacht. Im Gegenteil, während üblicherweise Revolutionen mehr oder weniger große Gefahren für Leib und Seele der bisher Regierenden bedeuten, galt das für Friedrich August kaum. Er wurde allgemein geliebt und genoß auch nach seiner Entmachtung bis zu seinem Tod breites Ansehen im Volk.

In diesem Band berichten wir von großen und kleinen Begebenheiten um die Person des letzten sächsischen Königs, die zugleich die Ursache für seine ungebrochene Popularität verdeutlichen. Diesem König, der es nicht verschmähte, sich auf der Straße, im Gartenlokal, in der Werkhalle und auf dem Kasernenhof unter das »einfache« Volk zu mischen, nimmt man ohne weiteres ab, daß er sich als erster Diener für seine Sachsen verstand. Dennoch – weit über die Grenzen seines Landes hinaus ist er mit einem Satz bekannt geworden, der scheinbar eine sarkastische Resignation ausdrückt: »Macht euch euern Dreck alleine.« Eine unserer im folgenden erzählten Geschichten beschäftigt sich mit dem dazu bekanntgewordenen Sachverhalt, ohne freilich auch das letzte Fragezeichen auflösen zu können.

Bei vielen der bisher in der Literatur wiedergegebenen Episoden aus dem Leben Friedrich Augusts wird versucht, den sächsischen Dialekt des Königs wiederzugeben. Tatsächlich ist belegt, daß der Wettiner alle Feinheiten und spezifischen Wendungen des

Sächsischen beherrschte und handhabte. Die Volkstümlichkeit des Monarchen ist nicht zuletzt auch mit diesem Phänomen verbunden, aber nicht minder bedingt durch leutseliges Verhalten in den verschiedenartigsten Lebenssituationen. In dem Bemühen, die Persönlichkeit des letzten Sachsenkönigs interessierten Lesern über den Freistaat Sachsen hinaus zu erschließen, ist bei der Auswahl der Geschichten nicht nur nach Spektakulärem gesucht worden, sondern es wurden ebenso Alltagsereignisse aufgenommen, die zuweilen wohl auch dann mit Schmunzeln gelesen werden, wenn wie hier auf die Wiedergabe des sächsischen Dialekts verzichtet worden ist.

EIN UNERHÖRTER VORGANG

Blaues Blut und zugleich der königliche Thron – so wollte man es in Sachsen – konnten nur durch das männliche Geschlecht geerbt werden. In diesem Punkt war um die Mitte des vergangenen Jahrhunderts die Welt der Wettiner nicht besonders gut bestellt: Der seit 1854 regierende sächsische König Johann hatte zwar mit Amalia Auguste von Bayern drei Söhne gezeugt, doch bis zum Jahre 1865 blieben die Enkel aus. Albert, der erstgeborene Sohn König Johanns, mußte bald mitteilen, daß seine Ehe mit Caroline von Wasa kinderlos bleiben würde. Der zweite Königssohn, Ernst, verstarb schon als Sechzehnjähriger. Nun richteten sich alle Hoffnungen auf den Drittgeborenen, Prinz Georg, der seit 1859 mit der portugiesischen Königstochter Donna Maria Anna vermählt war.

Anfangs schien sich auch alles wie gewünscht zu entwickeln, denn bald schon nach der Hochzeit kündigte sich Nachwuchs an, und tatsächlich war es ein kleiner Prinz, der das Licht der Welt erblickte. Doch die Freude währte nicht lange – das Kind verstarb. Im Sommer 1862 war Donna Maria erneut schwanger, und wiederum fieberte man am Hofe und draußen im Land der Entbindung entgegen. Als das Baby am 19. März 1863 geboren wurde, war es zwar gesund und von kräftiger Kondition, aber eben kein Junge.

Dennoch, auch die auf den Namen Mathilde getaufte Prinzessin wurde liebevoll aufgenommen und in puncto weiteren Kindersegens auf die Zukunft gehofft. Nicht zu unrecht, war doch die Gemahlin Georgs noch nicht einmal 20 Jahre alt. Freilich, manch altes Weiblein wackelte bedeutungsvoll mit dem Kopf und lamentierte mit vielsagend erhobe-

Friedrich August III. von Sachsen.
25. Mai 1865 – 18. Februar 1932.

nem Finger, gewissen Frauen sei es nicht vergönnt, das starke Geschlecht auf die Welt zu bringen oder es großzuziehen. Man würde ja sehen!

Der Herbst des Jahres 1863 ging ins Land, der Winter mit seinen langen Nächten kam, und als die Natur im Frühling neu zu erwachen begann, regte sich zwar allüberall neues Leben, nur nicht unter dem Herzen von Maria Anna. Allmählich wurde man unruhig, die prüfenden Blicke und vielsagenden Gesten nahmen zu, und auch Klatsch und Tratsch hatten Hochkonjunktur. Doch als die Tage erneut kürzer wurden, verbreitete sich wie ein Lauffeuer die beruhigende Nachricht, daß Georgs Gemahlin endlich wieder guter Hoffnung sei und mit der Niederkunft im Mai kommenden Jahres zu rechnen wäre.

Daß sich das zu erwartende freudige Ereignis so frühzeitig und so rasch herumsprach, war nicht etwa durch eine Indiskretion und durch Flüsterpropaganda verursacht, sondern entsprach durchaus den auch vom Königshof gewünschten Gepflogenheiten. Seit Jahrhunderten legten die gekrönten Häupter Wert darauf, eine sich in der Familie aufgetane Schwangerschaft schnellstens bekanntzugeben und über deren Entwicklung von Monat zu Monat zu berichten. Insbesondere gehörte dazu die offizielle Unterrichtung anderer Höfe und die Anordnung spezieller Kirchengebete, um den künftigen Erdenbürger glücklich auf die Welt zu bringen. Frühzeitig bestimmte man auch die »Kind-Mutter« (die Hebamme), die Amme, die Ober- und Unter-Gouvernantinnen, die Ober- und Unter-Kammerfrauen und alle die sonst noch benötigten dienstbaren Geschöpfe.

Am Hofe und im Umfeld Georgs von Sachsen fieberte man von Woche zu Woche mehr dem Tag der Niederkunft entgegen. Auch die geringste Kleinigkeit war bestens bedacht, und wer auch immer eine Aufgabe im Zusammenhang mit dem bevorstehenden Ereignis zu erfüllen hatte, war überzeugt, im entscheidenden Augenblick seinen Beitrag zum gütlichen Ausgang der Geburt leisten zu können. Dennoch, die Nervosität wuchs, denn immer noch war eine Entbindung keine gefahrlose Angelegenheit. Da tröstete es zwar, daß Maria Anna nunmehr schon ihr drittes Kind gebären würde, also mit ihrer helfenden Erfahrung zu rechnen sei, aber man konnte ja nie wissen. Helfe aber auch Gott, daß keine Panne passieren möge!

Pfingsten stand vor der Tür, und zuvor Christi Himmelfahrt. Dieser Feiertag fiel im Jahr 1865 auf den 25. Mai. Bei Donna Maria hatten erwartungsgemäß die ersten noch schwachen Wehen eingesetzt und angekündigt, daß sich das freudige Ereignis in Bälde vollziehen würde. Nun war es an der Zeit, wie von alters her üblich einen Personenkreis zu versammeln, der gleichsam im protokollarischem Sinne der Niederkunft beizuwohnen hatte. So füllte sich im Königlichen Palais in der Dresdner Langgasse (dem späteren Zinzendorfpalais) neben dem Schlafzimmer der Prinzessin ein Raum mit Damen und Herren, die sich auf eine lange Nacht und vielleicht noch auf einen weiteren Tag eingestellt hatten.

Weder eine ganze Nacht geschweige denn noch länger hatte man zu warten. Die Niederkunft erfolgte ungewöhnlich schnell; noch bevor der Himmelfahrtstag zur Neige ging, wurde die junge Frau von einem gesunden Kind entbunden. Was für ein Aufatmen, als der erste kräftige Schrei des Neugeborenen zu vernehmen war, und was für ein Jubel, als mit gezieltem Blick das Geschlecht erkannt wurde. Gottlob, es handelte sich um einen Jungen, um den künftigen Erben des sächsischen Thrones. Nun drängte es, diese frohe Botschaft besonders schnell in der Residenz, im Königreich und über die Landesgrenzen hinaus zu verbreiten.

Nach altem Brauch waren unmittelbar nach der glücklichen Geburt »die Stücken abzufeuern«, also mit Kanonendonner zu verkünden, daß sich Nachwuchs eingestellt hatte. In der Residenzstadt Dresden war der für die Salut-Batterie bestimmte Platz am rechten Elbufer oberhalb der Friedrich-August-Brücke gelegen. Selbstverständlich hatten sich die Kanoniere auf das bevorstehende Ereignis eingerichtet, das Pulver gut trocken gehalten und die Geschütze auf strahlenden Hochglanz poliert. Als am Himmelfahrtstag 1865 die Kunde kam, jetzt wäre wohl bald zum Salutschießen auszurücken, löste das also keinerlei Hektik aus. Von den allerersten Wehen bis zur Geburt würde es eine Weile dauern, und im übrigen hatten die Kanoniere nun schon eine ganze Woche lang in Bereitschaft gestanden und waren dabei auch ein wenig dickfelliger geworden.

Der glückliche Vater Prinz Georg und seine er-

*Der junge Friedrich August
in seiner ersten Uniform.*

schöpfte, aber nicht minder glückliche Gemahlin Prinzessin Maria Anna hatten im Königlichen Palais die ersten stürmischen Gratulationen über sich ergehen lassen. Inzwischen war der Stammhalter eine Stunde alt – es war abends gegen halb Zehn – aber einen Prinzensalut hatte bisher noch niemand vernehmen können. Der Uhrzeiger rückte eine weitere halbe Stunde vor, und immer noch nicht war Kanonendonner zu hören. Daß man im Palais im Überschwang der Freude den Salut überhört haben könnte schloß schon allein deswegen aus, weil insgesamt

Im Dienst bei den Großenhainer Husaren.

101 Schüsse abzugeben waren – ein so langandauernder Krach hätte an keinem Ohr spurlos vorüberrauschen können. Jetzt schlug die Uhr halb Elf, und immer noch nichts tat sich. Man stelle sich den Eklat vor! Da ist nun endlich ein Thronerbe geboren, und auch in der Stadt wird gejubelt, aber der vielstimmige traditionelle Ehrensalut unterbleibt. Gerade will man bei Hofe energisch dem unerhörten Vorgang auf den Grund gehen, da hallt unter allgemeinem Aufatmen der erste Kanonenschlag durch den Raum. Hurra, es lebe und gedeihe der junge Prinz!

Noch in der Nacht klärt sich die Ursache der Verspätung auf, die schlicht und einfach damit zu tun hat, daß der spätere Sachsenkönig es ungewöhnlich eilig hatte, auf die Welt zu kommen. Offensichtlich verlief die Geburt so zügig, daß den Kanonieren trotz aller Vorbereitung nicht mehr genügend Zeit blieb, zum rechten Augenblick aktionsfähig zu sein.

Der schon am nächsten Morgen auf den Namen Friedrich August Johann Ludwig Karl Gustav Gregor Philipp getaufte Prinz blieb natürlich von dem Vorgang unbeeindruckt. Erst gut dreißig Jahre später wollte es der Zufall, daß der damals im Range eines Generalmajors stehende Brigadekommandeur Friedrich August von der Geschichte vernahm. Im Herbst 1895 hatte bei Dippoldiswalde ein Manöver stattgefunden, an dem er teilnahm. An einem der Abende huldigten ihn die im Militärverein versammelten Veteranen mit einem Fackelzug. Bei dieser Gelegenheit entspann sich ein Gespräch Friedrich Augusts mit dem Dorfschmied, der davon zu berichten hatte, daß er einst bei der Salut-Batterie im Dienst gestanden sei.

»Na, Königliche Hoheit, die Batterie mußte eine ganze Woche lang bereit stehn. Wir ham da lange uff Sie warten missen!« soll er unter anderem gesagt haben. Und dann soll er von dem Donnerwetter erzählt haben, daß wegen des nicht rechtzeitigen Kanonendonners auf die Truppe niederging. Wäre der brave Veteran nach den vielen Jahren immer noch untröstlich gewesen, der Menschenfreund Friedrich August hätte ihm sicherlich Trost gespendet.

STAMMBAUM
der Wettiner Albertinischer Linie
bis zum letzten sächsischen König

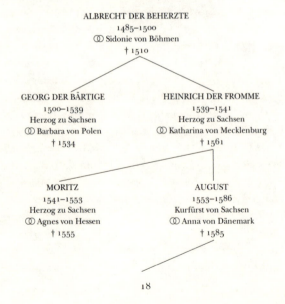

CHRISTIAN I.
1586–1591
Kurfürst von Sachsen
⚭ Sophie von Brandenburg
† 1622

CHRISTIAN II.
1591–1611
Kurfürst von Sachsen
⚭ Hedwig von Dänemark
† 1641

JOHANN GEORG I.
1611–1656
Kurfürst von Sachsen
⚭ Sibylle von Württemberg
† 1606
⚭ Magdalena Sibylle von Preußen
† 1659

JOHANN GEORG II.
1656–1680
Kurfürst von Sachsen
⚭ Sibylle von Brandenburg
† 1687

JOHANN GEORG III.
1680–1691
Kurfürst von Sachsen
⚭ Anna Sophie von Dänemark
† 1717

JOHANN GEORG IV.
1691–1694
Kurfürst von Sachsen
⚭ Erdmuthe von Sachsen-Eisenach
† 1686

FRIEDRICH AUGUST I.
1694–1733
Kurfürst von Sachsen
als König von Polen August II.
⚭ Christiane Eberhardine von
Brandenburg-Bayreuth
† 1727

FRIEDRICH AUGUST II.
1733–1763
Kurfürst von Sachsen
als König von Polen August III.
⚭ Maria Josepha von Österreich
† 1757

FRIEDRICH CHRISTIAN
1763
Kurfürst von Sachsen
⚭ Maria Antonia von Bayern
† 1780

FRIEDRICH AUGUST III.
1763–1827
Kurfürst von Sachsen
König von Sachsen
1806
als Friedrich August I.
⚭ Maria Amalia von
Pfalz-Zweibrücken
† 1828

ANTON
1827–1836
König von Sachsen
⚭ Maria Charlotte
von Savoyen
† 1782
⚭ Maria Therese
von Österreich
† 1827

MAXIMILIAN
† 1838
Prinz von Sachsen
⚭ Caroline Maria
von Parma
† 1804

FRIEDRICH AUGUST II.
1836–1854
König von Sachsen
⚭ Caroline von Österreich
† 1832
⚭ Maria Anna von Bayern
† 1877

JOHANN
1854–1873
König von Sachsen
⚭ Amalia Auguste von Bayern
† 1877

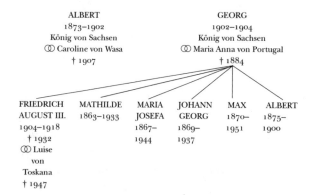

ALBERT
1873–1902
König von Sachsen
⚭ Caroline von Wasa
† 1907

GEORG
1902–1904
König von Sachsen
⚭ Maria Anna von Portugal
† 1884

| FRIEDRICH AUGUST III. 1904–1918 † 1932 ⚭ Luise von Toskana † 1947 | MATHILDE 1863–1933 | MARIA JOSEFA 1867–1944 | JOHANN GEORG 1869–1937 | MAX 1870–1951 | ALBERT 1875–1900 |

DER GEHÖRNTE EHEMANN

In aller Öffentlichkeit als gehörnt, als betrogener Ehemann zu gelten, war und ist – wie auch umgekehrt für eine Ehefrau – wahrlich kein Vergnügen. Wenn das sogar einem König widerfährt und jener, der ihm Hörner aufgesetzt hat, sogar noch von »einfachem« Stand ist, muß das doppelt weh tun. Da scheint es bei gekrönten und anderen edlen Häuptern damals wie heute immer noch am besten, den Vorgang an die große Glocke zu hängen und der ungetreuen Ehefrau offiziell den Laufpaß zu geben. Was aber hat ein angehender König zu tun, wenn seine Gemahlin mit ihrem Geliebten einfach durchbrennt? Eine solche Geschichte hat sich um Friedrich August tatsächlich ereignet und ihn tief betroffen gemacht. Doch erzählen wir der Reihe nach.

Am »Sedantag«, den 2. September 1870, konnten in Wien Großherzog Ferdinand IV. von Toskana und dessen zweite Ehefrau Alice von Bourbon die Geburt einer Tochter feiern, die sie auf den Namen Luise Antoinette Maria taufen ließen. Kein Mensch zweifelte bei diesem Elternhaus auch nur im geringsten daran, daß der Prinzessin Luise von Toskana ein Leben voller Luxus geschenkt werden würde, was zum gegebenen Zeitpunkt durch eine standesgemäße Heirat noch abgesichert werden sollte. Doch wie so

oft verliefen die Dinge des Lebens völlig anders als vorausberechnet.

Fürs erste jedoch gestaltete sich alles programmgemäß. Für die junge Prinzessin gab es wenige Pflichten und viele Freuden. Nahezu alles, was der hohe Adel an Vergnügungen bereithielt, konnte ausprobiert und ausgekostet werden. So war es u. a. in den Sommermonaten schick, in die Sommerfrische zu reisen. Der Zufall wollte es, daß derart im Jahr 1890 der Weg der knapp zwanzigjährigen Prinzessin nach Schloß Sybillenort in die Nähe von Breslau führte. Der Besitz gehörte dem sächsischen Königshaus, und Luise hatte unter den nicht wenigen Einladungen für diesen Sommer die der Königin Caroline, der Gemahlin König Alberts, ausgewählt.

Auf Schloß Sybillenort schloß die Prinzessin aus dem Hause Habsburg Bekanntschaft mit Prinz Friedrich August aus dem Hause Wettin. Solche Kontakte sah man immer schon nicht ungern, und wenn sie sich dazu noch zwischen Vertretern beiderlei Geschlechts auftaten, war es umso besser. Nun kam noch der nicht allzu häufige Umstand hinzu, daß nicht nur aus höfischem Selbstverständnis eine Verbindung angeraten erschien, sondern die beiden jungen Leute gefielen sich gegenseitig. Luise hat später in ihren Memoiren davon geschrieben, daß ihr Friedrich August als ein hübscher, großer und wohlgebauter Mann mit den freundlichsten Augen von der Welt erschienen sei. Daß der Prinz umgekehrt sehr wohl von der jungen Dame beeindruckt war, verwundert nicht, wenn sie u.a. so beschrieben wird:

»Die Prinzessin war, schon rein äußerlich gesehen, ganz dazu geeignet, Aufsehen zu erwecken und Eindruck zu machen. Sie war eine schöne, hochgewachsene Erscheinung, schlank und von guter Figur. Dazu besaß sie als gebürtige Wienerin den Charm der jungen Damen dieser lebensfrohen Stadt. Sie verfügte über ein sprudelndes Temperament, das sich in ihren lebhaften, lustig blitzenden, braunen Augen widerspiegelte. Sie gab sich natürlich, war in ihrem

Auftreten sicher und dabei ungezwungen, lachte gern und fühlte sich in heiterer Gesellschaft wohl. Als echte Wienerin ließ sie sich nicht ungern ein wenig den Hof machen. Der ausgeprägte Wiener Dialekt hörte sich aus ihrem hübschen Munde ganz besonders nett an. Ihre Freundlichkeit und ihr natürliches Auftreten machten sie überaus anziehend.«

So also ist Luise von Toskana von Friedrich Kracke, einem der späteren Biographen Friedrich Augusts, geschildert worden.

Übers Jahr waren die beiden ein Paar – die Verlobung wurde im Juni bekanntgegeben, und fünf Monate später, im November 1891, fand in der Wiener Hofburg die Vermählung statt. Auch die folgenden Jahre verliefen wie es sich gehörte, wie aus dem Lehrbuch der guten Sitten. Nachdem das Jahr nach der Eheschließung noch keinen Kindersegen erbracht hatte, stellte sich dieser 1893 gleich zweimal ein. Am 15. Januar kam ein Junge, Georg, zur Welt, und am Sylvestertag 1893 gesellte sich dazu ein zweiter Prinz, den man Friedrich Christian nannte. Bis zum Jahr 1903 vergrößerte sich die Kinderschar zügig, 1896 um den Prinzen Ernst Heinrich, 1900 kamen Prinzessin Margarete, 1901 Prinzessin Maria Alix und 1903 Prinzessin Anna Monika Pia hinzu. Eine weitere Tochter, 1898 zur Welt gekommen, verstarb kurz nach der Geburt.

Luise erfüllte also in einem wichtigen Punkt alle Erwartungen, sie war der Inbegriff einer glücklichen künftigen Landesmutter und nicht nur bei den Dres-

Der glückliche Vater mit Prinzessin Margarete.

dener Bürgern gut gelitten. Ihr Gemahl, Friedrich August, stand offensichtlich kurz davor, die sächsische Königskrone aufgesetzt zu bekommen, denn König Albert war 1902 verstorben, und der seitdem regierende König Georg, Friedrich Augusts Vater, hatte immerhin das siebzigste Lebensjahr schon längst hinter sich. Schicksal, so mag Friedrich August gedacht haben, du warst bisher gnädig zu mir. Möge es auch für alle Zukunft so sein.

Die besonders guten Jahre an der Spitze des Königreichs Sachsen standen noch bevor, für die Rolle als Ehemann aber hatten die schwierigen Zeiten schon begonnen, ohne daß Friedrich August das zunächst bemerkt haben dürfte.

Luise von Toskana wird es wohl verkraftet haben, daß sie unentwegt in der Welt der Hebammen zu tun hatte. Daß sie aber in die große Welt des Herrn Gemahls zu wenig einbezogen war, quälte sie außerordentlich. Vor allem nach der Inthronisation ihres Schwiegervaters nahmen die dienstlichen Verpflichtungen Friedrich Augusts erheblich zu, ohne daß sich hinreichend Gelegenheit zu ergeben schien, Luise daran teilnehmen zu lassen. Statt dessen hatte sie überreichlich Anlaß, sich über die Atmosphäre am königlichen Hof Anno 1902 zu ärgern, den später einmal Prinzessin Maria Alix für diesen Zeitpunkt als »muffig« bezeichnete. Nein, jetzt war Luise nicht mehr so recht mit ihrem Leben zufrieden. Irgendetwas mußte geschehen, um wieder Licht in den ihr grau erscheinenden Alltag zu bringen.

Es geschah. Eines schönen Tages prangte an den

*Das Königshaus im Jahr 1898.
In der zweiten Reihe links Luise mit dem zweijährigen Ernst
Heinrich auf dem Arm, daneben der Gemahl Friedrich August.*

Litfaßsäulen Dresdens ein Name, der fortan über längere Dauer dominierend für das Leben der jungen Frau werden wird – Enrico Toselli aus Florenz. Der Komponist und Klavierspieler weilte in der Residenz zu einem Konzert, und Luise, die Tosellis Musik schätzte, versäumte natürlich nicht, sich dessen Auftritt entgehen zu lassen. Das für ihr weiteres Leben entscheidende Schlüsselerlebnis beschreibt Gotthard Feustel in seinen »Wahren Geschichten aus Sachsen« mit folgenden Worten:

»An diesem Abend sitzt Luise ganz allein in der Hofloge, keiner aus der königlichen Familie wollte sich den Italiener anhören. Ihr mochte es recht sein, denn war dieser Mann auch nur annähernd so wie seine Serenade, dann würde sie sehr mit sich selbst beschäftigt sein.

Toselli übertraf Luisens romantischste Erwartungen. Immer wieder griff sie zum Opernglas, tastete mit ihm die schönen Hände des Mannes ab, liebkoste sein makelloses junges Gesicht, fuhr durch seine sündhaft schwarzen Haare. In der Pause übergab sie dem Logendiener ein Billett an den Künstler. Sie teilte darin Toselli mit, daß ihm nach dem Konzert ihre Kutsche zur Verfügung stünde. Ob sie selbst darin sitzen würde, ließ sie offen.

Doch sie saß darin und konnte es kaum erwarten, daß der fremde Mann am Bühneneingang erschien und zu ihr kam. Sie sahen sich an, ein sehr langer erster Blick, und sie wußten, daß es um sie beide geschehen war. Bereits an diesem Abend trennten sich die zukünftige sächsischen Königin und der italienische Klavierspieler mit einer endlosen Umarmung und einem langen Kuß. Am nächsten Tag trafen sie sich in Pillnitz, denn Luise wußte Friedrich August in Moritzburg.«

Was in den folgenden Tagen und Wochen alles noch geschehen ist, kann wohl niemand mehr im Detail belegen. Unbestritten bleibt, daß sich Friedrich August und seine Ehefrau Luise von Toskana am 9. Dezember 1902 letztmalig sahen, und zwar im Salzburgischen, wo sich der Kronprinz bei der Jagd den linken Unterschenkel gebrochen hatte. Von dort aus reiste Luise in die Schweiz und erklärte vier Tage später mittels einer Depesche in die Residenzstadt, nicht mehr nach Dresden zurückkehren zu wollen.

Mit diesem Schritt hatten offensichtlich weder Friedrich August geschweige denn die Administration gerechnet, denn es dauerte längere Zeit, bevor man sich in Hofkreisen schlüssig war, wie zu reagieren sei. War denn wirklich etwas an dem Gerücht dran, Luise habe ihrem Gemahl Hörner aufgesetzt, was manche sogar in aller Öffentlichkeit gesehen haben wollten? War das die eigentliche Ursache der Depesche?

Die Fragen waren nicht leicht zu beantworten. Vorerst erschienen wenig bedachte offizielle Nachrichten, die – da sie sich häufig genug widersprachen – die Verwirrung erhöhten und immer wieder neuen Anlaß für ein kräftiges Brodeln der Gerüchteküche gaben. Eine der deftigsten Nachrichten war die Mitteilung, Luise befände sich in einem Zustand geistiger Verwirrung und habe daraufhin die Hofjuwelen entwendet. Erst am 30. Dezember wurden der Wahrheit entsprechende, unmißverständliche Worte gesprochen: Der königliche Hof teilte amtlich mit, daß der Kronprinz mit Erlaubnis des Familienoberhauptes, also des Königs, die Aufhebung der ehelichen Gemeinschaft mit Luise eingeklagt habe. Die offiziell besiegelte Trennung erfolgte einige Wochen danach am 13. Februar 1903 und hatte folgenden Wortlaut:

»Das durch Allerhöchste Verordnung vom 30. Dezember 1902 niedergesetzte Gericht erkennt für Recht:

Die am 21. November 1891 geschlossene Ehe der Parteien wird wegen Ehebruchs der Frau Beklagten mit dem Sprachlehrer André Giron vom Bunde geschieden. Die Frau Beklagte trägt die Schuld an der Scheidung. Die Kosten des Rechtsstreits werden der Frau Beklagten auferlegt.«

Giron war ein 23jähriger Belgier, der seit Anfang 1902 Luises Kinder als Hauslehrer unterrichtete; der Pianist und Komponist Enrico Toselli spielte offiziell nicht die geringste Rolle.

Kaum jemand nahm vier Jahre später noch sonderlich Notiz davon, daß die Ex-Gattin des nunmehrigen sächsischen Königs eben diesen Pianisten und Komponisten heiratete. Vielleicht wunderten sich einige über den Altersunterschied, denn Luise war 13 Jahre früher geboren als Toselli, vielleicht auch prophezeite man, das könne auf Dauer nicht gut gehen. Wie dem auch sei, es ging nicht gut. Nach lediglich fünf Jahren war für die ehemalige angehende sächsische Königin die Episode mit Toselli endgültig vorüber; auch diese Ehe wurde geschieden. Das große Lebensglück war für Luise freilich schon seit Jahren verspielt und kam nie mehr zurück. Als sie am 23. März 1947 in Brüssel verstarb, gab es nur wenige Personen, die sich am Grab der längst verarmten Frau eingefunden hatten – nur noch einige Menschen aus ihrer allernächsten Umgebung wußten von ihrer so hoffnungsvoll und vielversprechend begonnenen Vergangenheit. Ihr gehörnter Ex-Gemahl Friedrich August hat die Trennung nicht leicht genommen und wohl auch niemals völlig überwunden; an eine andere Frau band er sich nicht wieder.

SÄCHSISCHE ÜBERRASCHUNGEN

Auf den Titelseiten der Morgenzeitungen des Königreichs Sachsen war am 14. Oktober 1904 in großen Lettern geschrieben:

STELLVERTRETUNG

Wer dadurch angeregt wurde, genauer hinzuschauen, fand unter dieser Überschrift eine Mitteilung, die das festschrieb, was in letzter Zeit schon gang und gäbe gewesen war:

»Seine Majestät der König haben infolge Allerhöchst Ihrer gegenwärtigen Erkrankung sich bewogengefühlt, Seine Königliche Hoheit, den Kronprinzen, zu Allerhöchstderen Stellvertreter, bezüglich aller Regierungsgeschäfte zu bestellen.

Gesamtministerium
Georg v. Metzsch Paul v. Seydewitz Dr. Wilhelm Rüger
Dr. Viktor Otto Max Freiherr v. Hausen«

Wie gesagt, eine Überraschung war diese Mitteilung nicht, und selbst die am folgenden Tag verkündete Nachricht vom Ableben König Georgs kam nicht unerwartet. Auch wer fortan zu regieren hatte, stand seit langer Zeit fest.

Für den am 15. Oktober auf den Thron gestiegenen Friedrich August III. hatte zu den ersten Pflichten zu gehören, sich im Land als neuer König sehen

und huldigen zu lassen. Hier nun fühlten sich die jeweiligen Stadtväter aufgerufen, ihren Landesherrn mit guten Einfällen zu überraschen, um so auf besonders nachhaltige Weise die Königstreue zu unterstreichen. Andererseits wollte man aber auch die Gelegenheit beim Schopfe packen, dem Landesvater persönlich einige Wünsche mitzuteilen. Allzu direkt zu werden verbot zwar die Etikette, aber man konnte selbstverständlich an einen vom König gesprochenen Satz wie z. B. diesen geschickt anknüpfen:

»Ich bringe meinem Volke das größte Vertrauen entgegen, und es wird mein stetes Bestreben sein, des Landes und des Volkes Wohl zu fördern und jeden, auch den letzten meiner Untertanen, glücklich und zufrieden zu machen.«

Das anläßlich der Inthronisation gegebene Versprechen, jedermann zufrieden zu stellen, war als »Aufruf an mein Volk« inzwischen schwarz auf weiß nachlesbar überall angeschlagen. Zunächst freilich kam der junge König noch nicht in die Verlegenheit, vor Ort allzu wörtlich genommen zu werden, denn in den ersten Monaten nach der Thronbesteigung wollte sich noch keine Zeit finden, hinaus zu Land und Volk zu reisen. Mitte Februar 1905 ging es dann aber endlich los.

Als Ziel der ersten Huldigungsreise war Leipzig als die nach Dresden zweitwichtigste Stadt des Landes vorgesehen. Ganz und gar drei Tage wollte sich Friedrich August hier aufhalten. Die Organisatoren hatten beträchtliche Mühe darauf gerichtet, beim Eintreffen des Landesherrn am 14. Februar zugleich alle in den Kirchen der Stadt einsatzfähigen Glocken läuten und erst wieder schweigen zu lassen, nachdem der König das sich vor dem Rathaus versammelte Rats- und Stadtverordnetenkollegium erreicht hatte. In Chemnitz, wo der Monarch ebenfalls für drei Tage weilte, hatte die Stadtobrigkeit 12 000 Männer mit Fackeln ausgerüstet und diese in der Arbeitskleidung aller in der Region vertretenen Gewerke am Landesherrn vorbeimarschieren lassen. Oberbürgermeister Dr. Beck gelobte in seiner Begrüßungsrede lang und breit unverbrüchliche Treue, um dann die untertänigste Bitte zu wagen, Seine Majestät möge der »aus der eigenen Kraft ihrer Bürger zu ihrer jetzigen Höhe emporgeblühten und immer mehr in rastlosem Fleiße von Handel und Industrie und Gewerbe vorwärtsstrebenden Handels- und Industriestadt ein gleich gnädiger Landesvater wie allerhöchst Ihre erlauchten Herren Vorfahren sein, damit sie ihren Weltruf im Wettbewerbe der Völker bewahren möge zu Eurer Majestät landesväterlicher Freude, unseres Sachsenlandes Ruhme und ihrer Bürger Wohlergehen.«

Ähnlich untertänig vorgetragene Bitten wiederholten sich in den Städten mittlerer Größe, die der Potentat im Verlauf des Jahres noch besuchte. So uniform einerseits die Wünsche nach gnädiger Unterstützung waren, so variantenreich hatten die Stadtväter über die Möglichkeiten nachgedacht, Ihren obersten Herrn mit gekonnten Einfällen zu überraschen. In Meißen spielten dabei das Standbild Heinrichs I. und Albrechts des Beherzten eine besondere Rolle, in Freiberg die historische Bergparade, in Kamenz war ein überdimensionales, zu jener Zeit nicht leicht zu realisierenden Leuchtbild »Willkommen in der Lessingstadt« aufgebaut worden, in Zittau bzw. Oybin waren singenden Mönche aufgeboten, den Monarchen zu erfreuen, und in Annaberg und Buchholz brannten bis hoch zum Pöhlberg gewaltige Freudenfeuer und zischten Raketen in die Lüfte.

Was aber war der Huldigung in Dresden vorbehalten? Sah man sich doch hier nicht nur als Residenzstadt in einer besonderen Pflicht, sondern auch der vom Hofprotokoll bestimmte Termin gab Anlaß zu angestrengten Überlegungen. Das Treuegelöbnis sollte am 26. Mai 1905, also am Tag nach Friedrich Augusts Geburtstag – dem ersten nach der Thronbesteigung – stattfinden. Daß man viele Leute, Fahnen und Flaggen, aber auch Lampions und Fackeln dem Herrscher vorführen würde, stand von vornherein nicht in Zweifel, zumal festgelegt war, daß die Zeremonie in den späteren Abendstunden stattfinden sollte. Wie aber wäre dem König über die Rede des Stadtoberhauptes und die jubelnden Bürger hinaus effektvoll zu verdeutlichen, wie sehr man ihn huldigte, wie man sich als Untertan gleichsam als ein winziges Mosaiksteinchen von ihm selbst betrachtet? Noch rechtzeitig genug stellte sich eine Idee ein.

Der 26. Mai kam, die Stadt war über und über geschmückt, und als der Abend nahte, erstrahlte der Altmarkt im Lichterschein Tausender von Glühbirnen. Gegen halb Neun traf der Monarch ein und begab sich auf den Balkon des Rathauses. Bevor er von hier aus die Vorgänge auf dem Platz verfolgen konnte, hatte er die Begrüßungsrede des Oberbürgermeisters Dr. Beutler zu vernehmen. Dieser allerdings verzichtete nach den passenden Treue- und Ergebenheitserklärungen nicht darauf, wenigstens zwei Sätze sehr praktischen Couleurs zu sagen:

»Wir werden bei der Ausgestaltung und Verbesserung der Einrichtungen unseres großen Gemeinwesens nicht rasten und nicht ruhen; wir sind uns aber auch bewußt, daß zur Erreichung unserer Ziele nächst dem gnädigen Schutz des Allmächtigen vor allem auch die Huld und Gnade unsers Monarchen notwendig ist. Um diese bitten wir, auf diese vertrauen wir, und diese hoffen wir uns immer wieder von neuem durch unsere Treue und Liebe zu unserm König zu erwerben.«

Dann endlich kam der beeindruckendste Teil des Festes, und zwar vorerst in Form eines Fackel- und Lampionzuges, in dem sich 213 Vereine präsentierten. Die insgesamt etwa 13 000 Teilnehmer führten mehrere hundert Standarden mit und gaben sich so über ihre teilweise einheitliche Kleidung hinaus als jeweiliger Verein zu erkennen. Den Turnern an der Spitze des Zuges blieb es vorbehalten, das Nonplusultra der Huldigung zu kreieren – die etwa 1500 Männer liefen urplötzlich in alle Himmelsrichtungen auseinander, und als den uneingeweihten Zuschauern schon das Herz stockte ob des vermutlichen Dilemmas, stellte sich ziemlich rasch wieder eine Ordnung her. Zunächst gab es zwei durch unterschiedliche Lampions gebildete Farbkleckse zu sehen. Sekunden später waren daraus die in weißer Farbe aufgebauten Initialen A F zu erkennen, umschlossen von einem Kranz grüner Lampions. Der Jubel der auf dem Altmarkt Versammelten über die farbenprächtige und symbolhafte Überraschung kam wahrlich aus vollem Herzen, und auch Seine Majestät der König brachte seine tiefe Bewegung zum Ausdruck.

Ob Friedrich August ähnlich tief beeindruckt gewesen ist, als er das im folgenden wiedergegebene Gedicht von Herrn Erich Langer zur Kenntnis bekam?

UNSERM KÖNIGE ZUM 25. MAI 1915.

In ernster Zeit die Glocken rufen
Dein treues Volk zum Dankgebet;
vereint an Deines Thrones Stufen
heut aller Sachsen Liebe steht.
Durch manches Leid hindurchgerungen,
stiegst Du zu solzer Höh herauf;
von Schicksalsschlägen unbezwungen,
stand in dem Herrn Dein Lebenslauf.

Dem Rautenkranz ein treuer Hüter,
fest in der Pflicht, im Herzen mild,
doch auch für Deutschlands heilge Güter
ein deutscher Fürst mit blankem Schild.
Solang die deutschen Sänger singen,
solange deutsche Lieder preisen,
wird Dir ein Jubelgruß erklingen,
wirst, König, Du »der Treue« heißen.

Du weiltest gern an Arbeitsstätten,
Du ehrtest auch den schlichten Mann,
Du brachtest Trost an Krankenbetten,
Dein Herz der Kinder Herz gewann.
Solang die Sachsenkinder singen,
solange Sachsenlieder preisen,
wird Dir ein Dankesgruß erklingen,
Wirst, König, Du »der Gute« heißen.

DRESDENER STOLLEN ZUR WEIHNACHTSZEIT

Nicht erst in unserer Zeit, sondern auch schon vor mehr als einhundert Jahren war und ist echter Dresdener Stollen einer der Glanzpunkte des Weihnachtsfestes. Selbst wenn das Erzeugnis aus den Backstuben Dresdener Meister nahezu in alle Welt verschickt wird und dort Leckermäuler jeder Altersstufe findet, so sind es doch im besonderen Maße die Sachsen, für die zu einem richtigen Christfest das berühmte Backwerk gehört. Aus dieser Vorliebe folgt nahezu zwangsläufig, daß es auch wenigstens eine Geschichte um Sachsens letzten König gibt, in deren Mittelpunkt der Dresdener Stollen steht. Eine Episode hat Hermann Bang überliefert. Als er im Jahr 1919 ein Lebens- und Charakterbild Friedrich Augusts III. zeichnete, berichtete er auch davon, wie sich dieser in jungen Jahren als Weihnachtsmann betätigt hatte:

»Es war an einem Novemberabend des Jahres 1884, als Prinz Friedrich August in der sehr besuchten Wirtschaft ›Rheinlust‹ in Straßburg einkehrte. Hier herrschte ein vernügtes Leben und Treiben. Bei rauschender Musik sangen und tranken Herren und Damen, Bürger, Studenten und Soldaten einander zu. Niemand kannte den Prinzen. Mit Mühe fand er Platz an einem Tische, an dem auch ein Unteroffizier des in Straßburg liegenden sächsischen Infanterieregiments Nr. 105 saß. Sehr bald kam der Prinz mit dem Landsmann in ein lebhaftes Gespräch. Dieser klagte ihm, daß er vom 1. Dezember ab auf vier Wochen in das Fort Bismarck kommandiert sei und dort auch das Weihnachtsfest verleben müsse. Seitdem er in Straßburg diene, habe er nie wieder ein Stück guten sächsischen Christstollen gegessen. Auch diese Weihnachten würde er darauf verzichten müssen.

Der Prinz hörte aufmerksam zu und verabschiedete sich dann mit den Worten:

›Wer weiß, ob der Weihnachtsmann nicht doch auch den Weg auf das Fort Bismarck findet und Stollen hinausbringt.‹

Am Heiligenabend stampft durch Wind und Schnee ein Bote zum Fort Bismarck und überreicht dem Wachtkommandanten Leutnant von Metzsch ein schweres Paket. Verwundert öffnet er es, und siehe – es enthält drei große Rosinenstollen. Daneben liegt ein Brief, der also lautet:

›*Lieber Metzsch!*

Ich hoffe, die Weihnachtsfreude auf den drei von unserem Regiment besetzten Forts Bismarck, Großherzog von Baden und Kronprinz von Sachsen durch die Übersendung von diesen drei Stollen zu erhöhen. Ich schicke Ihnen alle drei mit dem Wunsche, sie auch nach den beiden anderen Forts zu verteilen.

Mit dem Wunsche eines glücklichen neuen Jahres bin ich Ihr sehr ergebener
Friedrich August, Herzog zu Sachsen.‹

Der Offizier ließ die Mannschaft antreten und las ihr

den Brief vor. Alle waren freudig erstaunt. Jener Unteroffizier aber spitzte am meisten die Ohren. In das Hurra, das der Leutnant auf den Prinzen ausbrachte, stimmten die Sachsensöhne schneidig ein.«

Daß der Prinz für die Weihnachtsüberraschung gesorgt und zuvor Verständnis für den Kummer des sächsischen Unteroffiziers aufgebracht hatte, war nicht nur wie schon angemerkt allgemein seinem menschenfreundlichen Wesen zu verdanken. Im besonderen kam hinzu, daß für Friedrich August von frühester Kindheit an der Stollen zur Weihnachtszeit das I-Tüpfelchen für das Fest war. Schon in jungen Jahren war ihm von seinem berühmten Vorfahren August dem Starken erzählt worden, der 1730 den bisher größten Christstollen überhaupt fertigen ließ. Ein Dresdener Bäckermeister habe sage und schreibe 18 Scheffel Mehl – das sind etwa 1800 Liter – sowie 326 Kannen Milch, 360 Eier, 30 Zentner Hefe und drei Pfund Muskatblüten verarbeitet. Enstanden wäre ein Stollen von gut zehn Meter Länge und mehr als vier Meter Breite, und da der Teig in keinen Ofen hineingegangen wäre, mußte sogar ein solcher speziell errichtet werden. Trotz der riesenhaften Ausmaße des Weihnachtsstollens sei er in kürzester Zeit aufgegessen worden, weil er so vorzüglich gemundet hätte.

Auch nach mehr als anderthalb Jahrhunderten genoß man im Königshaus wie zur Zeit Augusts des Starken nicht nur schlechthin dieses typisch weihnachtliche Backwerk, sondern es mußte nach sächsischem Rezept gefertigt worden sein, wenn es ein rechtes

Weihnachtsfest werden sollte. Dabei wurde damals wie heute gewissermaßen der Gipfel der Kunstfertigkeit in Dresden erreicht – es ist sehr wohl anzunehmen, daß Friedrich August veranlaßt hat, die drei Stollen für das sächsische Regiment von einer Dresdener Backstube liefern zu lassen.

Am sächsischen Hof und in der Königsfamilie wurde es sehr geschätzt, daß man seit dem Jahr 1863 einen Hofküchenmeister hatte, der sich nicht nur auf die vorzügliche Zubereitung einheimischer Spezialitäten verstand, sondern dazu noch der Sohn eines berühmten Kochbuchautors war. Johann Friedrich Baumann – so der Name des Autors – hatte bis 1844 als »gewesener Mundkoch Sr. Excellenz des wirklichen Geheimenraths, Landtag-Marschalls, Kammerherrn und Großkreuzes des Civil-Verdienst-Ordens etc., Herrn Grafen Bünau von Dahlen« drei Auflagen eines Kochbuchs für alle Stände herausgeben, und zwar unter dem Titel »Der Dresdener Koch«. Erwerben konnte man das Kochbuch vor allem bei dem Verfasser selbst in der Badergasse Nr. 7 der Dresdener Friedrichstadt.

Johann Friedrichs Sohn, Friedrich Baumann, hatte Kochen und Backen unter der Obhut seines Vaters erlernt, arbeitete dann für den Grafen Vitzthum von Eckstädt und kam 1850 als Beikoch an den Dresdener Hof, wo er 13 Jahre später zum Hofküchenmeister avancierte. Im zweibändigen »Dresdener Koch« seines Vaters war ein umfangreicher Teil der Backkunst gewidmet, und hier nun war eine Rezeptur für die sächsische Butterstolle – Gâteau de noële

Der
Dresdener Koch,

oder

die vereinigte teutsche, französische und englische

Koch-, Brat- und Backkunst,

nebst

Anleitung zu Dessert-Zuckerbäckereien, Gefrornen, Einmachfrüchten, Getränken 2c.,

so wie

einer Sammlung von Speisezetteln und Anweisung zu Anordnung der Tafeln,

mit 8 lithographirten Abbildungen.

Ein Buch für alle Stände

von

Johann Friedrich Baumann,

gewesener Mundkoch weiland Sr. Excellenz des wirklichen Geheimenraths, Landtag-Marschalls, Kammerherrn und Großkreuzes des Civil-Verdienst-Ordens 2c., Herrn Grafen Bünau von Dahlen.

Zwei Theile.

Dritte, mit neuen Zusätzen vermehrte Auflage.

Preis 2 Thaler.

Erster Theil.

Dresden,

bei dem Verfasser, Babergasse Nr. 7, und in Commission der Arnold'schen Buchhandlung zu Dresden und Leipzig, so wie auch in allen anderen Buchhandlungen Deutschlands zu haben.

1844

á la Saxonne, wie die Franzosen schrieben – festgehalten worden:

»Ein Mäschen Mehl wird in einem Asch lau erwärmt, gesiebt, wieder darein gethan und eine Grube gebildet; vier Eßlöffel voll junge dicke Hefen werden mit einem Eßlöffel voll Zucker verrührt, eine Achtelskanne laue Milch darin vermischt, in die Grube gegossen und ein weiches Hefenstückchen angerührt, dann Mehl darüber gestreut, eine erwärmte Serviette vierfach darüber gedeckt und an einen lauwarmen Ort gestellt; wenn das Hefenstückchen hoch aufgegangen ist, werden zwei Eier, acht Loth Zucker, zwei Loth mit einigen Tropfen Wasser mehlfein gestoßene bittre Mandeln, Salz und nach Belieben eine gute Messerspitze Muscatblüthe dazu gefügt, und das Ganz zu einem recht vesten und trocknen Teig angemacht und fein gearbeitet, im Fall aber nicht Feuchtigkeit hinreichend wäre, so wird noch ein wenig laue Milch nachgenommen; dann wird zwanzig bis vierundzwanzig Loth frisch ausgewaschene, trockne, und biegsam gearbeitete Butter, erst die Hälfte, und wenn diese gut damit verbunden ist, die andre Hälfte darunter gebrochen und der Teig recht fein gearbeitet; hernach drei Viertelpfund kleine Rosinen, vier bis acht Loth stiftlicht geschnittene süße Mandeln und vier Loth ebenso geschnittene eingemachte Cedrate (Citronath), welches alles lau erwärmt worden ist, gut darunter gemengt, Mehl darüber gestreut, mit vierfacher Serviette überdeckt und an einen lauwarmen Ort, wo die Butter nicht zum schmelzen kommt, zum Aufgehen gestellt; der Asch muß sich nämlich nur immer lauwarm, aber nie heiß anfühlen; wenn dann der Teig nur noch ein Mal so hoch aufgegangen ist, so wird er auf die mit Mehl bestreute Tafel geschüttet, zu einem runden Leib leicht und glatt zusammen gedrehet, dann zu einer sechszehn bis achtzehn Zoll langen Walze, welche in der Mitte etwas dicker als an beiden Enden ist, ausgerollt, das Walzholz auf die Mitte, der Länge nach aufgesetzt, niedergedrückt und die Hälfte rückwärts, noch ein Mal so breit geplattet und dann wieder auf die andre hohe Hälfte zurückgeschlagen, so daß darauf hin ein Saum (eine Kante) entstehet; diese Stolle wird nun mit Behändigkeit, indem man von zwei Seiten darunter greift, auf doppeltes mit Butter bestrichenes Papier, und wenn man es hat, damit auf ein Blech gesetzt; nach zehn Minuten ohngefähr, denn die Stolle darf nur noch sehr wenig aufgehen, wird sie mit lauem Wasser oder mit klarer Butter glänzend überstrichen, in einen mäßig heißen Ofen gesetzt und drei Viertel- bis eine Stunde zu schöner Farbe gebacken. Aus dem Ofen kommend wird sie mit zerlassener klarer Butter bestrichen und, nachdem sie kalt ist, mit Zucker bestreut.

Diese Stolle wird immer kalt aufgetischt und erhält sich viele Tage gut.«

Sicher hat der Hofküchenmeister gelernt, diesem Rezept noch die eine oder andere Abwandlung hinzuzufügen, um den Wohlgeschmack weiter zu erhöhen. Aufgeschrieben worden ist es vorsorglich nicht, weil ein Koch- und Backkünstler durchaus für sich in Anspruch nehmen durfte, einige Geheimnisse seiner Profession zu wahren.

Auch König Friedrich August wird nicht darauf gepocht haben, das letzte Detail zu den ihm so gut mundenden Dresdener Stollen zu erfahren. Worauf er freilich bestand, war der Brauch, zur weihnachtlichen Bescherung die gesamte Familie wenn irgend möglich um sich versammelt zu haben und jedes Mitglied der Königsfamilie mit einem nicht allzu knapp bemessenen Stück einheimischer Stolle zu beschenken.

So gut auch die Dresdener Stolle war und ist, allein als Geschenk fand sie sich natürlich nicht auf dem Gabentisch. Eine weitere Episode dazu aus dem Jahr 1904 – dem Jahr der Thronbesteigung – soll hier wiedergegeben werden.

Die Prinzensöhne Georg, Friedrich Christian und Ernst Heinrich hatten sich für den Weihnachtsabend eine besondere Überraschung ausgedacht, und zwar sollte ein kleines Spiel »Knecht Ruprecht und die Zwerge« aufgeführt werden. Die Vorbereitungen blieben trotz aller Heimlichkeit natürlich nicht unbemerkt, zumal die kleinen Prinzen ihre Klassenkameraden mit einbezogen, die die Zwerge spielen sollten. Der König wollte nun seinerseits auch mit einem guten Einfall das Weihnachtsfest bereichern, der sich auch rechtzeitig einstellte.

Der Heilige Abend kam, und mit dem Einbruch der Dunkelheit begann das Fest. Die Aufführung des Knecht Ruprecht verlief ohne Pannen, auf der Spieluhr waren die gängigsten Weihnachtslieder aufgelegt, und jeder hatte seinen bunten Teller mit der Dresdener Stolle und anderen leckeren Sachen überreicht bekommen. Auch andere Geschenke waren schon verteilt worden, nur die drei Jungs hatten noch zu warten. Mit dem für sie bestimmten Geschenk waren unvorhergesehene Schwierigkeiten verbunden. Der König hatte sich ein Ruderboot erdacht, das unter dem Weihnachtsbaum aus der Dresdener Heide stehen sollte. Doch während es kaum

Mühe machte, den ziemlich großen, aber biegsamen Tannenbaum in das Zimmer zu transportieren, erwies sich das bei dem Boot als unmöglich – das Geschenk ging einfach nicht durch die Gänge und Türen. Zu guter Letzt blieb nichts weiter übrig, als von schleunigst bestellten Fachleuten ein Fenster ausbauen zu lassen, den Kahn mit Stricken zu versehen und hoch in das Zimmer zu ziehen.

Die Freude war selbstverständlich groß, ein wenig Ärger kam nur auf, als die Erwachsenen vernahmen, die Prinzen wollten möglichst sofort die umgekehrte Prozedur vollzogen wissen – das Boot sollte ja auf dem See schwimmen und nicht unterm Weihnachtsbaum stehen. Zum Glück lenkte der Genuß der guten Dresdener Stolle bei weihnachtlicher Musik die jungen Burschen zumindest soweit ab, daß es den inzwischen längst bei ihren Familien weilenden Handwerkern erspart blieb, am Weihnachtsabend nochmals in Aktion treten zu müssen.

ALLTAGSEPISODEN

Schon an anderer Stelle ist davon gesprochen worden, daß die ungebrochene Popularität von Sachsens letztem König Friedrich August III. maßgeblich auf sein unkompliziertes Wesen zurückgeht – er war eine hochgestellte Persönlichkeit im fast wörtlichen Sinne zum Anfassen. Die Volkstümlichkeit begleitete den Wettiner sowohl in seinen Jahren als Prinz, während seiner Regierungszeit als Landesherr und auch nach seiner Abdankung bis an sein Lebensende. Im folgenden sollen einige Alltagsgeschichten wiedergegeben werden, die allesamt die liebenswerten Züge Friedrich Augusts verdeutlichen. Erstmals sind die Episoden von Hermann Schindler im Jahr 1918 aufgeschrieben worden, der sicher davon ausgegangen ist, daß sie der König lesen wird. So ist wohl am Wahrheitsgehalt nicht zu zweifeln, wenn zuweilen auch ein anekdotischer Eindruck entstehen mag.

Ein Reiseerlebnis.
Prinz Friedrich August hatte einmal bis in die Nacht hinein in Freiberg dienstlich zu tun. Als er auf den Bahnhof kam, sollte soeben der Dresdner Abendzug abfahren. Rasch sprang der Prinz in ein Abteil des zunächst stehenden Wagens, das nur von einem Herrn besetzt war. Beide kamen bald ins Gespräch, währenddessen der Prinz dem Reisegefährten eine

Zigarre darbot, die nicht von der leichtesten Sorte war. Als dieser das edle Kraut bis über die Hälfte geraucht hatte, versank er in festen Schlummer, aus dem er erst erwachte, als der Zug in Dresden anlangte. Der Reisende war sehr verdrießlich, denn er hatte in Tharandt aussteigen wollen; nun mußte er in Dresden übernachten. Der Prinz suchte ihn zu trösten, aber vergeblich. Schließlich sagte er:

»Na, wissen Sie was, mein Lieber, Sie haben weiter nach Hause als ich. Nehmen Sie meinen Wagen, der vor dem Bahnhofe auf mich wartet, und fahren Sie nach Tharandt. Ich kann zu Fuß in meine Wohnung gehen.«

Der Reisegenosse sträubte sich ein wenig, nahm aber dann das freundliche Anerbieten dankend an, doch wie erstaunte er, als sein Mitreisender ihn an einen königlichen Wagen führte und ihn freundlich lachend hineinschob. Die Pferde zogen an, und fort ging es nach Tharandt. Der Prinz dagegen wanderte zu Fuß in sein Palais.

Die Leutseligkeit des Prinzen.
Im Herbst 1898 fuhr eine in Nürnberg verheiratete Frau über Dresden nach Liegnitz, um ihren Vater, einen in Ruhestand lebenden preußischen Beamten, zu besuchen. In Görlitz, wo sie umsteigen mußte, stieg sie versehentlich in einen falschen Zug. Der Schaffner machte sie auf ihren Irrtum aufmerksam und drängte zur Eile, denn der richtige Zug sollte sogleich abfahren. Die Dame, die etwas kurzsichtig war, stieg in ihrer Hast mit ihrem Gepäck in den ersten besten Wagen ein. Doch wie erschrak sie, als sie bemerkte, daß es ein Abteil I. Klasse war und daß ein feiner Herr darin saß. Die Dame entschuldigte sich, sie habe nur eine Fahrkarte III. Klasse und wollte sofort umkehren.

Doch der Herr bat sie, Platz zu nehmen, denn der Zug sei bereits in Bewegung. Während der Fahrt bis Kohlfurt brachte ein Diener dem Herrn wiederholt Erfrischungen. Die Dame dachte, sie sei in einem Speisewagen und bekam Lust, sich beim Kellner auch etwas zu bestellen, doch sie scheute sich vor dem Mitreisenden, der gemütlich seine Zeitung las. In Kohlfurt, wo der Zug etwas Aufenthalt hatte, stieg der Herr aus und ging auf dem Bahnsteig hin und her. Als er sah, daß die Dame sich rüstete, ein Abteil III. Klasse aufzusuchen, trat er sofort auf sie zu und forderte sie freundlich auf, ruhig bis Liegnitz sitzen zu bleiben. Die Dame behielt ihren Platz bei. In Liegnitz angekommen, verabschiedete sie sich unter vielen Dankesworten von dem Reisegefährten, der in leutseliger Weise grüßte. Der Zug fuhr von dannen. Der Bahnhofsvorsteher aber fragte die Dame, ob sie wisse, mit wem sie zusammen gereist sei. Als sie das verneinte, sagte er:

»Mit dem Prinzen Friedrich August, der zur Jagd nach Sybillenort fährt.«

Die tiefe Baßstimme.
An einem Spätherbsttage besuchte Prinz Friedrich August seinen Vater, Prinz Georg, im Palais auf der Zinzendorfstraße in Dresden. Es herrschte ein furchtbares Unwetter. Der Sturm heulte und nahm jedes Wort vom Munde weg. Da hielt es der wachhabende Unteroffizier für angemessen, dem Posten am Tore den Befehl zu geben, wenn der Prinz das Schloß verlasse, die Wache nicht durch Herausrufen, sondern durch Klopfen ans Wachstubenfenster zur Eh-

renerweisung aufzufordern. Bald nachher übergab der Unteroffizier, der in den Park mußte, um die dortigen Wachen zu besichtigen, die Wache dem Grenadier G., vergaß aber, ihn mitzuteilen, was er dem Posten geheißen hatte.

Nach einer Weile erschien der Prinz. Dröhnend pochte der Posten an das Fenster der Wachstube. Bärbeißig rief eine tiefe Baßstimme: »Was ist denn da draußen los?« Der Posten präsentierte stramm. Verwundert fragte der Prinz, der alles gesehen und gehört hatte, warum die Wache nicht ins Gewehr getreten und warum gepocht und nicht »Heraus« gerufen worden sei. Dem Soldaten blieb vor Schreck das Wort im Munde stecken, er antwortete nicht.

Der Prinz konnte sich den Vorgang nicht erklären und forderte den Wachtkommandanten schriftlich auf, den Sachverhalt festzustellen, bat aber zugleich,

Königsparade auf dem Alaunplatz.
Blick zur Schützenkaserne.

den Schuldigen nicht zu bestrafen. Als der Prinz den Bericht erhielt, lachte er herzlich. Der Unteroffizier und der Mann vor dem Schilderhaus waren froh, daß sie mit dem Schrecken davon kamen, der Grenadier G. aber behielt, so lange er diente, den Beinamen »Die tiefe Baßstimme«.

Der König und Graf Zeppelin.

Lebhaften Anteil nimmt unser König auch an der Entwicklung der jüngsten und sehr wirksamen Waffe des deutschen Heeres, des Luftschiffes. Er ist ein begeisterter Verehrer des Grafen Zeppelin und seiner Erfindung und würdigt sie voll und ganz.

Im September des Jahres 1909 reiste er nach Friedrichshafen am Bodensee, um das Luftschiff und die Luftschiffsbauwerft Zeppelins, des kühnen Eroberers des Luftmeeres, zu besichtigen. Wie deutsch und wie freudig stolz schlug sein Herz, als er mit dem weißen Riesenvogel, gesteuert von der Hand des greisen Grafen, über die tiefblaue Fläche des Schwäbischen Meeres dahinflog. Als Zeppelin am 18. August 1912 in seinem Luftschiff nach Dresden kam, die Stadt und das Residenzschloß unter dem Jubel der Bevölkerung überkreiste und dann auf dem großen Exerzierplatze »Heller« landete, begrüßte ihn hier der König auf das herzlichste. Gern folgte er der Einladung, sich dem Schiffe zu einer abermaligen Fahrt hoch in die Lüfte anzuvertrauen.

Rühmend hob Graf Zeppelin in seiner Rede, die er am 23. Juni 1913 auf der Hauptversammlung des Vereins deutscher Ingenieure hielt, hervor:

»Der König von Sachsen war einer der ersten deutschen Fürsten, die sich meinem Fahrzeuge anvertraut haben. Dadurch hat mein Unternehmen damals die größte Förderung erfahren.«

Der König auf der Alm.
Drei Leipziger, ein Werkmeister und zwei seiner Freunde, wanderten hoch oben in den Tauern bei Toblach. Um sich an einem Trunk zu laben, kehrten sie in eine Almhütte ein. Hier nahmen sie an dem blankgescheuerten Tische Platz, an dem schon ein Herr in Lodenjoppe und Bergschuhen saß. Er ließ sich mit ihnen in eine Unterhaltung ein, und als er merkte, daß er Landsleute, Sachsen, vor sich habe, wurde er noch gesprächiger.

Nach einer Weile ließ sich der Werkmeister eine Ansichtskarte geben und schrieb Grüße an seine Frau darauf. Der Fremde bat, mit unterschreiben zu dürfen. Als die Leipziger den Namen »Friedrich August« lasen, waren sie freudig überrascht; denn jetzt wußten sie, wer ihr Tischnachbar war. Als der König eine Karte an seine Kinder schrieb, mußten alle mit unterzeichnen. Mit vergnügter Miene glückliche Weiterreise wünschend, verabschiedete er sich.

Freundlich und rücksichtsvoll.
Einmal saß der König einem Maler zu einem großen Bildnis. Als die Sitzung zu Ende geht, tritt ganz unverhofft der zwölfjährige Kronprinz Georg ins Zimmer, blickt auf die Leinwand und spricht in kindlicher Unbefangenheit:

»Aber Vater, auf dem Bilde hast du einen zu großen Kopf.«

Der Maler ist betroffen, doch der König gleicht die unangenehme Stimmung in liebenswürdiger Weise aus. Er nimmt sich selbst beim Scheitel und beim Kinn zwischen seine beiden Daumen, legt sie dann nach den entsprechenden Punkten des Bildes hinüber und sagt:

»Ach nein, es stimmt ganz genau.«

Der Fliegergruß an den König.
Am Geburtstage des Königs 1916 vergnügten sich im Hofe des Grundstücks Theresienstraße 10 in Dresden zwei Mädchen mit Ballspielen. Da hörten sie hoch oben aus den Lüften ein dumpfes Surren. Wie schon oft, überquerte ein Flieger die Stadt. Wegen der hohen Häuser konnten die Kinder das Flugzeug nicht sehen. Plötzlich kam gleichzeitig mit ihrem in die Luft geschleuderten Ball ein in graue Leinwand gehülltes Päckchen herab, an dem eine Papptafel mit der Aufschrift versehen war:

»Der Inhalt ist sofort an Se. Majestät den König zu befördern.« Neugierig öffneten die Mädchen das Paketchen und fanden darin einen Strauß Rosen. Sie eilten nach Hause und berichteten den Vorfall ihren Müttern, die sich sogleich mit den beiden Kindern auf den Weg nach der königlichen Villa in Wachwitz machten, wo der König wohnte. Als sie ankamen, war es schon spät am Abend. Der Adjutant nahm die Fliegerpost in Empfang und versprach, dem König am nächsten Morgen Bericht zu erstatten.

Friedrich August III. während der Königsparade auf dem Alaunplatz.

Am übernächsten Tag empfingen die beiden Kinder den Dank des Königs, zwei neue Zehnmarkscheine und zwei Schachteln mit Süßigkeiten. Die Freude der beiden Mädchen war natürlich groß.

Der König und die Bauern von Naundorf.
Im Herbst 1912 fand bei Zeitz ein großes Manöver statt. Auch das XII. Armeekorps nahm daran teil. Als nun die Bewohner des preußischen Dorfes hörten, König Friedrich August werde bei seinem Ritt ins Manöverfeld ihren Ort berühren, da schmückten sie die Häuser mit Kränzen, steckten Fahnen heraus und zogen Laubgewinde über die Straße. Nach sehnsüchtigem Warten kommt der König, begleitet von hohen Offizieren, dahergeritten. Aber im Manöver ist die Zeit kostbar. Draußen vorm Vorwerk schwenkt er von der Straße ab, um einen näheren Weg einzuschlagen. Wie das die Bauern sehen, machen sie lange Gesichter. Doch einer weiß Rat. Er eilt dem König nach, holt ihn ein und ruft ihm zu:

»Majestät, kommen Sie in unser Dorf; wir haben uns so darauf gefreut!«

Der König lacht und antwortet:

»Na, den Gefallen kann ich euch tun!«

Er lenkt sein Pferd um und reitet langsam die Dorfstraße entlang. Der Jubel ist groß. Alt und jung ruft laut: »Hoch der König von Sachsen! Hurra!«

»MACHT EUCH EUERN DRECK ALLEINE«?

So oder syntaktisch und orthographisch verschieden formuliert und geschrieben, wird ein Spruch des Königs zitiert, mit dem er auf die Revolution von 1918 und seine Absetzung reagiert haben soll. Was ist nun wahr an der Geschichte?

Aus dem stürmischen letzten Drittel des Revolutionsjahres 1918 sind viele Details über das Leben im sächsischen Königshaus bekannt – mit Akribie ist bis Anfang November das offizielle Hofjournal geführt worden. Ergänzend und für die Folgezeit vermag man sich aus den Tageszeitungen ein annähernd richtiges Bild von den Ereignissen um Friedrich August zu formen.

Zunächst einmal zeigte sich der Monarch nicht allzusehr beeindruckt von den schlimmen Verhältnissen an der Kriegsfront und der gärenden Stimmung im Volk; im Sommermonat August wurde Urlaub im schönen Allgäu gemacht, und im September rollte der König nach Bulgarien, um den Zaren Ferdinand zu besuchen. Inzwischen expandierte die revolutionäre Stimmung im Volk immer weiter. Am 2. Oktober konnte der Monarch wohl nicht mehr umhin, sich mit seinen Ministern zusammen zu setzen und gemeinsam mit diesen nachzudenken, ob und wenn ja welche Änderungen im Königreich zu veranlassen wären.

Zu diesem Zeitpunkt war freilich nach seinem Verständnis immer noch Gemächlichkeit angesagt. Äußeres Anzeichen dafür war u.a. die Festlegung, den Landtag erst in einigen Wochen einzuberufen. Doch schon in den nächsten Tagen wurde das Geschehen noch hektischer, und auch der König wurde eifriger. So ist von Krisensitzungen, der Konstituierung eines Staatsrates, der Regierungsumbildung und schließlich von sich formierenden Soldatenräten zu lesen.

Als Friedrich August am Morgen des 8. November 1918 erwachte, dürfte er wohl ob der Ereignisse ein wenig besorgter als zu anderen Zeiten gewesen sein, doch das hielt ihm seinem Naturell gemäß nicht davon ab, den Tag mit der gewohnten Normalität anzugehen. Dazu gehörte eine Ausfahrt in die auch um diese Jahreszeit schöne Dresdener Heide, zu der ihn diesmal seine um zwei Jahre ältere Schwester Prinzessin Mathilde begleitete. Bruder und Schwester werden wohl an diesem Vormittag kaum geahnt haben, daß am Abend erneut der Wagen vorfahren wird, um den König aus dem Schloß zu bringen und seiner Abdankung entgegen zu fahren.

Zurückgekehrt vom Ausflug vernahm Friedrich August Hiobsbotschaften über die Ausweitung der Revolution, nicht zuletzt auch von massiven Unruhen und bedenklichen Vorkommnissen in der Residenzstadt. Wahrlich nicht kurzentschlossen, sondern vor allem den Ratschlägen seiner Getreuen folgend, ließ der Monarch einige Stunden nach Einbruch der Dunkelheit sein Auto kommen, um sich

*Schloß Sybillenort,
die Zufluchtsstätte des abgedankten Königs.*

zunächst aus Dresden fort nach Moritzburg zu begeben. Hier blieb er über Nacht, um schon am Morgen wiederum unterwegs zu sein. Nach weiteren Stationen endete die Flucht schließlich im Jagdschloß Sybillenort bei Breslau, das ansonsten neben der Villa in Wachwitz gern als Sommerresidenz genutzt worden war.

Inzwischen war in Dresden am 10. November, einem Sonntag, im Zirkus Sarrasani die Republik ausgerufen worden – drei Tage später erklärte der Monarch auf Schloß Gutenborn in der Lausitz seine Abdankung. Das entsprechende Dokument brachte der diensttuende Generaladjutant, der General der Infanterie von Tettenborn, in die sächsische Hauptstadt. Schon nach wenigen Stunden wurde es wie folgt bekanntgemacht:

Dresden, 13. November 1918
An den Arbeiter- und Soldatenrat, Dresden, Ständehaus.

Auf die heute früh mündlich an Se. Exzellenz, den Herrn Finanzminister, gerichtete Anfrage teile ich mit, daß Se. Majestät der König auf den Thron verzichtet hat. Gleichzeitig hat Se. Majestät alle Offiziere, Beamten, Geistliche und Lehrer von dem ihm geleisteten Treueeid entbunden und sie gebeten, im Interesse des Vaterlandes auch unter den veränderten Verhältnissen ihren Dienst weiter zu tun.
Der Minister des Innern
Dr. Koch.

Diese und weitere Einzelheiten zur Abdankung Friedrich Augusts III. sind exakt belegt. Ob aber im Zusammenhang mit der Thronentsagung, zuvor oder danach der Landesvater den inzwischen berühmten und durchaus verständnisvoll aufgenommenen Ausspruch »Macht euch euern Dreck alleine« getan hat oder nicht, wird nicht mehr aufzuklären sein. An Hypothesen dazu mangelt es nicht, und für die wenigsten scheint es von Belang, ob der wackere Sachse statt des derben Wortes Dreck vielleicht den Ausdruck Kram gebraucht hat, wie zuweilen behauptet wird. Sei es wie es sei.

Ein anderes Vorkommnis in Verbindung mit der Abdankung gehört ganz sicher nicht zu den Legenden, obwohl der Vorgang durchaus anekdotisch anmutet:

Sieger wie Unterlegene der Novemberrevolution in Sachsen mußten sich bald Gedanken machen, wie es mit dem Eigentum zu halten sei. Der ausgerufenen Republik konnte es nicht gut anstehen, rücksichtslos das gesamte königliche Vermögen zu kassieren. Friedrich August hingegen war klug genug zu erkennen, daß er nicht völlig ungeschoren aus der Monarchie entlassen werden würde.

Die Administration in Dresden sah nun selbstverständlich keinen Anlaß, hinsichtlich der Vermögensfragen von sich aus aktiv zu werden. Natürlich war man überzeugt davon, über kurz oder lang würde in dieser Angelegenheit aus Sybillenort zu hören sein, doch wann das wäre und vor allem der Umfang der zu erwartenden Forderungen lagen völlig im Dunkeln.

Zunächst ging der Monat November ohne diesbezügliche Mitteilungen aus Schlesien zu Ende, der Dezember zog herauf, und noch immer nicht waren vom ehemaligen König irgendwelche Ansprüche angemeldet worden. Ob er sich wohl doch lediglich mit seinen schlesischen Besitzungen zufrieden geben würde? Eigentlich war das für kaum jemand in Dresden vorstellbar – oder wartete Friedrich August etwa auf einen Vorstoß der neuen Herren?

Doch dann traf endlich eine Nachricht aus Sybillenort ein. Unschwer war auch zu erkennen, daß es sehr wohl um die Entschädigung ging, freilich glaubten die Beamten, Augen und Ohren nicht recht trauen zu können. Nicht etwa, daß der ehemalige Monarch mit seinen Forderungen zu unbescheiden gewesen wäre. Nein, ganz im Gegenteil. Friedrich August, der zwar ein lebensfroher Mensch war, aber deswegen nicht zu den großen Trinkern zählte, begehrte Wein aus den Kellern seines Schlosses. Nicht bloß einige Liter, sondern insgesamt 400 Flaschen!

Wie sollte nun auf dieses überraschende Verlangen reagiert werden? Daß es ernst gemeint und damit ernst zu nehmen war, stand außerhalb jeden Zweifels. Innerhalb der Verwaltungsbürokratie wurde der Vorgang immer weiter zur Entscheidung nach oben geschoben, bis man schließlich glaubte, die rechte Antwort gefunden zu haben. Die sah so aus, daß dem Wettiner zwar Wein zugestanden wurde, doch nicht 400 Flaschen – die Hälfte mußte ausreichen. Mit diesem ausdrücklichen Entschluß bevollmächtigte man den Finanzminister, der Forderung des Ex-Monarchen zu entsprechen.

Freilich, das Verlangen nach hauseigenem Wein stellte nur die Ouvertüre des Forderungskatalogs dar. Gut ein Vierteljahr später traf in Dresden eine umfassende »Denkschrift« ein, mit der Entschädigungen in Millionenhöhe gefordert wurden. Der Streit darum zog sich jahrelang hin, bis im Sommer 1924 ein Vertrag zustande kam, der u.a. eine Abfindung in Höhe von 300 000 Goldmark zusicherte.

DER ALLERLETZTE GRAND

Höchst selten einmal signalisiert das Schicksal im voraus seine Entscheidungen, und auch böse Ahnungen treffen zum Glück nicht immer ein. Daß sich umgekehrt aus heiterem Himmel urplötzlich ein Verhängnis auftut, ist leider so selten nicht – auch die Familie des letzten sächsischen Königs mußte das erfahren.

Friedrich August hatte über Weihnachten und den Jahreswechsel 1931/32 bei seinen Kindern geweilt und war Anfang Januar nach den für ihn so glücklichen Tagen wieder in seinem Domizil Sibyllenort eingetroffen. Seine Gesundheit machte ihn in diesen Wochen weitaus weniger zu schaffen als in letzter Zeit; im Gegenteil, er fühlte sich so wohl wie seit langem nicht mehr. So gab es auch nicht den geringsten Grund zu zögern, einer herzlichen Einladung zu einem Jagdbesuch ins Riesengebirge zuzusagen, die ihn vom Graf Schaffgotsch erreichte. Der Besuch war für den 21. Februar vorgesehen.

Der Januar ging ohne Besonderheiten ins Land. In den ersten Februarwochen des Jahres 1932 klagte Friedrich August zuweilen über Herzbeschwerden. Sein Hausarzt, Sanitätsrat Dr. Töpfer, untersuchte mehrmals sorgfältig den fast 67jährigen, ohne jedoch alarmierende Anzeichen eines schwerwiegenden oder gar lebensbedrohlichen Zustandes feststellen zu können. Auch der König sah keinen Anlaß, seinen nun seit langem gewohnten Lebensrhythmus zu verändern oder einmal gefaßte Vorhaben nicht in die Tat umzusetzen. Dazu gehörte unter anderem der schon genannte Jagdausflug nach Warmbrunn zum Grafen Schaffgotsch. Während der Erörterung der Modalitäten dieser Reise und einiger anderer Notwendigkeiten mit dem Hofmarschallamt fiel rein zufällig die Bemerkung, Seine Majestät habe zwar testamentarisch bestimmt, was sein letzter Wille sei, aber wenn es denn in ferner Zukunft einst so weit wäre, müsse man auch wissen, wie die Trauerfeier zu gestalten ist.

Friedrich August war kein Mann, Versäumnisse auf die lange Bank zu schieben. Flugs diktierte er seine Anordnungen und vervollständigte so das Testament. Niemand ahnte im geringsten, daß der König in diesem Augenblick Festlegungen getroffen hatte, die buchstäblich schon Übermorgen benötigt wurden.

Mittwoch, der 17. Februar 1932, war ein schöner Wintertag. Kaum war die klare und kalte Nacht gewichen, kam die Sonne heraus, die schon ein ganz klein wenig das Vorgefühl auf den Frühling auslöste. Der König mag diesen Tag mit besonders guter Stimmung angegangen haben. Nach dem Besuch der heiligen Messe wurde ihm sein Pferd vorgeführt, und er begab sich wie meist auf den Morgenritt. Dem schloß sich – inzwischen zu einer guten Gewohnheit geworden – ein Rundgang durch den Gutshof und den umgebenden Park an. Manche der Bäume und Sträucher zeigten schon deutliche Knospenbildung, die Schneeglöckchen waren im Kommen, und immer noch war kein Wölkchen am Himmel. Beim rüstigen Ausschreiten ging Friedrich August durch den Kopf, was an diesem schönen Tag noch anstand. Nachmittags war die Jagdinteressengemeinschaft zu besuchen, und dann wollte er vor dem Abendessen noch zur Kreuzwegandacht in die Schloßkapelle. Anschließend aber, und darauf freute sich der König insbesondere, sollte wie so oft ein gemütlicher Skat geklopft werden.

Alles verlief an diesem Februartag wie gewünscht. Auch die Skatrunde war pünktlich wie immer zusammengekommen. Als der Gong der Uhr die zehnte Stunde anschlug, wurde am eichenen Spieltisch die letzte Runde angesagt. Friedrich August registrierte mit Genugtuung, daß er auch diesmal wieder einige gewagte Spiele gewonnen hatte, angefangen vom billigen Schellen einfach bis zum Grand. Aber auch wenn die Partien gut gelaufen waren und wie stets gute Laune vorherrschte, um Zehn hatte Schluß zu sein. So hielt man es seit langem, und so sollte es auch künftig sein – alles mit vernünftigem Maß.

Wiederum konnten weder der König noch ein anderer in der Runde ahnen, daß es ein Künftig nicht mehr gab, daß Friedrich August niemals mehr einen Grand ouvert ansagen und sich höllisch freuen konnte, wenn sein Skatbruder, der Hofprediger a.D. Prälat Müller, dann nicht sehr christliche Sprüche vor sich hin murmelte. Das Geschick nahm seinen

Lauf und bescherte den Zeitungslesern in Sachsen am Morgen des 18. Februar die Schlagzeile

»König Friedrich August schwer erkrankt«.
Im einzelnen war zu lesen: »König Friedrich August, der schon in den letzten Tagen unter schweren Herzaffektionen litt, hat heute früh in der siebenten Stunde einen linksseitigen Gehirnschlag erlitten. Er ist völlig gelähmt und zur Stunde noch bewußtlos. Noch um 3 Uhr morgens hatte er sich mit seinem Diener unterhalten. Um 7 Uhr fand man ihn ohne Besinnung im Bett. Die Ärzte haben die Hoffnung auf Erhaltung seines Lebens noch nicht aufgegeben, doch ist der Zustand des Königs, da die Herztätigkeit sehr schwach ist, sehr ernst. Der bekannte Breslauer Internist, Prof. Dr. Ercklentz, Primärarzt am Allerheiligen-Hospital ist hinzugezogen worden. Sämtliche Familienmitglieder sind telegraphisch nach Sybillenort gerufen worden und bereits nach dort unterwegs.«

Als die Uhr am Abend des 18. Februar zehnmal schlug, läutete sie diesmal nicht das Finale der Skatrunde ein, sondern das Lebensende des letzten sächsischen Königs. Ohne noch einmal das Bewußtsein erlangt zu haben, setzte eine Lungenlähmung den Schlußpunkt unter das irdische Dasein Friedrich Augusts.

Vier Tage später, drei Uhr morgens, machte sich eine traurige Eskorte auf den Weg, um die sterbliche Hülle des einstigen Monarchen nach Dresden zu überführen.

Von der Beisetzungsfeier in der katholischen Hofkirche war im »Dresdner Anzeiger« u. a. zu lesen:

»Bei aller Bewegung, die bei dem unaufhörlichen Kommen der Teilnehmer der Trauerfeier in den weiten Räumen der Katholischen Hofkirche herrschte, lag feierlicher Ernst über den Tausenden in Zivil und in Uniform, die herbeiströmten, um der Beisetzung des einstigen Sachsenkönigs beizuwohnen. Zulaß in die Kirche war nur gegen Karten gestattet, außerdem Offizieren in Uniform, und die Kontrolle an den Eingängen wurde von Beauftragten der Kirche und von der Polizei auf das genaueste gehandhabt.

Im weiten Umkreis war schon der Raum rings um die Hofkirche polizeilich abgesperrt. Seile, an die Leitungsmasten der Straßenbahn gebunden, halfen den Polizeimannschaften, die Menge zurückzuhalten, die sich schier unübersehbar Kopf an Kopf auf dem Theaterplatz, dem Schloßplatz wie auf der Brühlschen Ter-

Aufbahrung in der katholischen Hofkirche zu Dresden.

rasse, den Rampen der Augustusbrücke und an der Altstädter Hauptwache angesammelt hatte.

Von 10 Uhr an rollten in unaufhörlicher Folge die Autos und die Wagen vor dem hinteren Portal oder der dem Schloß zugekehrten Seite der Hofkirche an. Nahmen hier die Fürstlichkeiten, die Vertreter ausländischer Herrscherhäuser, die Diplomatie, die Generalität des alten Heeres usw. den Zugang, so zu den anderen Portalen die übrigen Teilnehmer – so zahlreich, daß schon kurze Zeit nachher jeder Platz in der Kirche besetzt war. Fast eine Stunde noch war es bis zu Beginn der Trauerfeier, und unaufhörlich, bald stärker, bald etwas nachlassend, strömten Menschen über Menschen in das Gotteshaus, füllten schließlich dicht gedrängt sämtliche Gänge bis hinten in die letzten Winkel der Kirche.

Ernste Erwartung prägte sich auf den Mienen aus. Viertelstunde auf Viertelstunde verrann, bis $^3/_4$ 11 Uhr dumpf und schwer das Trauergeläut vom Turm der Hofkirche über die Stadt hallte und den Harrenden drin in der Kirche und draußen und der gesamten Bevölkerung der Stadt bis hinüber zu den Hängen des Elbtals verkündete, daß nunmehr, wenn die ehernen Stimmen schweigen würden, das feierliche Seelenamt für Sachsens toten König seinen Anfang nehmen würde.

Auf den Stufen der Estrade stand der Sarg, mit der Fahne des Hauses Wettin verhüllt, Helm, Säbel und Marschallstab liegen auf dem Fußende. Rings auf purpurverkleideten Postamenten zeigen die alten Insignien der sächsischen Könige an, wer in dem Sarg von aller Mühsal und aller Kümmernis ausruht. Ordenskissen vermögen die Fülle der Auszeichnungen kaum zu fassen. Der milde Schein der Kerzen auf hohen Kandelabern zu beiden Seiten spiegelt sich in dem Gold, den Emaillefluß der Orden, in ihrem edlen Gestein, beleuchtet die Ehrenwache. Sechs Offiziere des alten Heeres halten Wacht am Sarg ihres einstigen Chefs, mit ihnen Kammerdiener und zwei Leibjäger. Hochauf türmen sich hinter dem Sarge und zu beiden Seiten Kränze, prächtige Kränze mit kostbaren Schleifen, aber auch, von gleicher Liebe und von gleicher Verehrung für den Entschlafenen gegeben, einfache Blumenspenden.

Der Klang einer Schelle läßt die nach vielen Tausenden zählende Menge in der Kirche aufhorchen. Albert Schneider an der alten Silbermannorgel intoniert die ernste Feier mit weihevollen Klängen. Die Geistlichkeit zieht ein. Bischof Dr. Conrad Gröber nimmt Platz unter dem Baldachin, der für ihn neben dem Hochaltar errichtet ist. Vom Orgelchor herab beginnt ein Cello, weich, wie in verhaltnem Schmerz, den Eingang von Cherubinis Requiem in C-Moll zu singen. Die anderen Instrumente des Orchesters der Staatskapelle unter Karl Maria Pembaurs Stabführung nehmen das Thema auf, das das Cello angestimmt hat, und unmerklich fast mischen sich die Stimmen des Chors hinein in das Klingen des Orchesters – ein erhabenes, ergreifendes Konzert.

Nach altem Ritus der katholischen Kirche verläuft des Seelenamt, bei dem Bischof Dr. Gröber amtiert. In der Sequenz, dem gewaltigen Dies irae, dies illa, in dem Gesang vom Jüngsten Gericht, erreicht Cherubinis Requiem seine höchste Steigerung. Furcht vor dem Gericht, Hoffnung auf die Milde des göttlichen Richters scheinen darin im Widerstreit, um endlich in siegesgewisser Hoffnung auf Vergebung der Sündenschuld durch den Opfertod Christi in verklärter Freude auszuklingen.

Zahlreiche Solokräfte der Staatsoper hatten sich für diese besondere Feier in den Chor der Staatsoper eingereiht. Silvanis Benedictus für Chor a capella gelangte zu unbeschreiblicher Wirkung. Die Kapellknaben unter Joseph Wagners Leitung hatten auch daran ihren guten Anteil.

Der Sarkophag Friedrich Augusts III.
in der Gruft unter dem Südost-Schiff der katholischen
Probsteikirche.

Als im Laufe des Seelenamtes das Evangelium verlesen worden war, das Evangelium von der Auferweckung des Lazarus, bestieg Prälat Müller, der Hofkaplan des Königs, die Kanzel, um, wie der Entschlafene ausdrücklich gewünscht hatte, das Wort zur Gedächtnisrede zu ergreifen...

Mit tiefer Bewegung hatten die Massen der Hörer diesen zu Herzen gehenden Worten des geistlichen Redners gelauscht. Dann nahm das feierliche Requiem seinen Fortgang.

Am Schluß des Requiems erklang von Helene Jung, Mitglied der Dresdner Staatsoper, meisterlich gesungen, das Miserere, Erbarme dich! Und dieses »Erbarme dich« nahmen die Absolutionen, die Begräbnisgebete, auf, die anschließend von Bischof Dr. Gröber und dem Abt des Benediktinerklosters Grüssau in Schlesien, Schmidt, gehalten wurden. Responsorien durch Prälat Müller und Probst Seidler gaben der Feier den Abschluß. Voran das Kreuz, von einem Geistlichen getragen, wurde nun der Sarg aufgehoben. Tröstlich erklang das »Salve Regina«, vom Opernchor gesungen, während draußen der Hall der Ehrensalven sich an den Wänden brach und von jenseits der Elbe dumpf der Trauersalut der Artillerie dröhnte. Prälat Müller und Probst Seidler, der erste Geistliche der Hofkirche, geleiteten den Sarg auf seinem Weg nach der Gruft. Nur wenige Leidtragende durften folgen. Langsam begann das Gotteshaus sich zu leeren.

Außer den Fürstlichkeiten, die bereits früher erwähnt worden sind, nahmen auch die Geschwister

*Bronzerelief des letzten sächsischen Königs
auf dem Sarkophag.*

des verstorbenen Königs, die Prinzen Johann Georg und Max und Prinzessin Mathilde an der Feier teil, ebenso Kronprinz Georg, die Prinzen Friedrich Christian und Ernst Heinrich und die Prinzessin Margarete, Maria Alix und Anna mit ihren fürstlichen Gemahlen. Als Vertreter des Generalfeldmarschalls von Hindenburg war dessen Sohn, Oberst von Hindenburg, für den ehemaligen Kaiser Prinz Eitel Friedrich von Preußen anwesend. Der frühere deutsche Kronprinz hatte seinen Sohn, den Prinzen Hubertus, entsandt. Die Staatsregierung, die beiden städtischen Körperschaften und wohl alle Reichs- und staatlichen Behörden, die Hochschulen des Landes, das diplomatische Korps waren vertreten. Es ist unmöglich, alle die Körperschaften, Organisationen und Verbände und ihre Abgeordneten einzeln aufzuzählen.

Gewiß, es waren in der Hauptsache nur Abordnungen und Vertreter, die aus räumlichen Gründen bei der Feier anwesend sein konnten, aber das gesamte Volk der Sachsen bis hin zum entferntesten Winkel des Landes hat im Herzen innigen Anteil daran genommen.«

QUELLENVERZEICHNIS

Bang, Paul Franz: König Friedrich August III. von Sachsen. Ein Lebens- und Charakterbild. – Dresden, 1915

Bauer, Marianne Ursula: Sachsens letzter König. – Leipzig, o.J. (1991)

Baumann, Johann Friedrich: Der Dresdener Koch oder die vereinigte teutsche, französische und englische Koch-, Brat- und Backkunst. – Dresden, 1844

Fellmann, Walter: Sachsens letzter König Friedrich August III. – Leipzig, 1992

Feustel, Gotthard: Wahre Geschichten aus Sachsen. – Taucha, 1993

Illustrirte Zeitung. – Leipzig, Jge. 1891 ff.

Kracke, Friedrich: Friedrich August III. Sachsens volkstümlichster König. Ein Bild seines Lebens und seiner Zeit. – München, 1964

Sachsen, Ernst Heinrich Herzog zu: Zum Gedenken an Friedrich August III. von Sachsen. – In: Auf den Spuren Sachsens in Süd- und Osttirol. München, 1987

Schindler, Hermann: König Friedrich August III. Ein Lebens- und Charakterbild. – Dresden, 1919

Toskana, Luise von: Mein Lebensweg. – Dresden, 1991 (Neudruck)

Weiszt, Franz Josef: Das war unser König Friedrich August. – Dresden, 1933

BILDNACHWEIS

*Sächsische Landesbibliothek Dresden, Abteilung Deutsche Fotothek 28; 53, 57 (Donadini); 69 (W. Hahn); 72, 74 (Nagel)
Gemäldegalerie Neue Meister, Staatliche Kunstsammlungen Dresden, Schutzumschlagmotiv (Karpinski)*